Tachwedd

Dyffryn Conwy, 1605

Gweneth Lilly

Lluniau gan
Margaret Jones

Gwasg Gomer
1990

Argraffiad cyntaf—1990

ISBN 0 86383 639 9

ⓗ Gweneth Lilly ©

Argraffwyd gan
J. D. Lewis a'i Feibion Cyf., Gwasg Gomer, Llandysul, Dyfed.

Tachwedd Tân Gwyllt

Comisiynwyd y nofel hon gan Gyngor y Celfyddydau. Fe'i cyhoeddir dan nawdd Cynllun Llyfrau Darllen Cyd-bwyllgor Addysg Cymru fel rhan o Broject Hanes Cymru.

1

Yn hen ardd y mynaich roedd bachgen yn chwilio am wenwyn.

Roedd chwyn bron wedi meddiannu'r lle. Byddai'n rhaid codi rhai ohonynt er mwyn dod o hyd i'r llysiau gwerthfawr. Nid nad oedd gwerth i bob un o'r chwyn hefyd, yn ôl ei feistr, a gofalodd Rhys gadw nifer o wreiddiau hirion dant y llew yn ei gwd, i'w berwi at wneud ffisig. Toc daeth o hyd i lysiau iachusol, cryf eu sawr, yn tyfu lle'r oedd y mynaich wedi eu plannu— faint yn ôl? Ganrifoedd, efallai. Saets, persli, teim, ffenigl, y wermod lwyd a'r wermod wen— roedden nhw'n dal i dyfu'n wyrdd yn y tir gwastad ar lan yr afon, er ei bod hi'n fis Hydref. Ond llysiau cyffredin oedden nhw wedi'r cwbl. Gwyddai fod eraill yn cuddio yma hefyd, a rhaid oedd chwilota amdanynt.

Sylweddolodd Rhys fod y golau'n pallu, er nad oedd hi'n ddim ond canol pnawn. Sythodd a gweld niwl yn rholio'n dawel o'r afon gan guddio'r ochr draw a'i choedydd melyn. Yn sydyn, roedd hi'n drymaidd yng ngardd yr hen fynaich, yr unig beth a adawyd o abaty Maenan. Yn fuan iawn, cofiodd Rhys yn anesmwyth, byddai'n Galan Gaeaf, pan fyddai ysbrydion y meirw'n cerdded y ddaear. Swniai cân yr afon yn hiraethus. Oedd hi'n tynnu'r Mynaich Gwyn i'w hen gynefin?

Gwyddai Rhys y byddai Dr Thomas Wiliems yn ei ddwrdio am feddwl peth felly, am fod y brodyr yn ddynion duwiol wedi marw yn y Ffydd, a doedden nhw ddim am adael Parad-wys, hyd yn oed ar Ddygwyl y Meirw. Ie, ond beth am ambell un nad oedd o ddim mor dda? Beth petai'r cwmwl llwyd a godai o'r afon yn troi'n ffurf dal yng ngwisg wen y Sistersiaid, a'i dau lygad yn llosgi o'r gwacter tywyll yng nghysgod y cwfl, lle dylai'i hwyneb fod? Chwalodd y rhith niwlog, ond wrth wrando ar gŵyn yr afon teimlai Rhys nad oedd o ddim ar ei ben ei hun; roedd rhywun neu rywbeth yn ei wylio.

Syrthiodd llaw drom ar ei ysgwydd, a meddai llais yn ei glust: 'Oes gen ti hawl i hel y llysiau 'na?'

Allai Rhys ddim ateb, ddim hyd yn oed i weiddi mewn dychryn. Fe'i gorfododd ei hun i droi'i ben.

Nid bwgan oedd yr ymwelydd, ond dyn pryd tywyll mewn gwisg teithiwr, a het am ei ben wedi ei thynnu'n isel ar ei dalcen. Felly:

'Oes,' meddai Rhys. 'Dr Thomas Wiliems sydd wedi f'anfon i i hel llysiau, ac maen *nhw—*' nodiodd i gyfeiriad y plasty a safai ar safle'r abaty, wedi ei adeiladu o gerrig a choed hen dŷ'r mynaich—'—maen nhw'n gwybod yn iawn amdano fo, ac yn gadael iddo fo gymryd llysiau o'r ardd, achos does neb arall yn 'u dallt nhw. Mae pawb yn nabod Dr Thomas Wiliems.'

'Wyt ti'n was iddo fo?'

'Disgybl.' Swniai hynna'n well na 'gwas'.

'O. Ac wyt *ti*'n 'u dallt nhw?'

Roedd gan y dyn acen fain, chwithig ei thinc i Rhys, a rhywbeth yn awdurdodol yn ei osgo, fel na feiddiai'r bachgen ofyn pa hawl oedd ganddo i holi.

'Ydw, yn o lew. Mae hwnna'n dda at beswch, ac at buro'r gwaed . . .' Gwrandawai'r dieithryn yn syn wrth i Rhys egluro rhinweddau'r llysiau.

'Faint ydi d'oed di?'

'Deuddeg, syr.'

'Rwyt ti wedi dysgu llawer mewn byr amser! Dywed imi, be' sydd gen ti yn y fasged fach 'na ar wahân?'

'Cegid ydi hwnna, syr.'

'Cegid—*hemlock*! Ond mae o'n wenwyn!'

'Ydi, syr; gwenwyn ffyrnig. Ond mae o'n iacháu hefyd, ond ichi wybod sut i'w drin o. Mae'r planhigion hyn i gyd yn wenwyn.'

'Rwy'n rhyfeddu bod Dr Wiliems yn gadael i blentyn drin gwenwyn! Fydd 'i gleifion o ddim yn marw'n sydyn weithiau? Dyn yn llyncu pinsiad o bowdr i leddfu dŵr poeth, dywed, a throi'n ddu yn 'i wyneb?'

Os smalio roedd y dieithryn, credai Rhys fod ei jôc yn ddi-chwaeth. Atebodd yn oeraidd: 'Mae Dr Wiliems yn trin y llysiau 'i hun. Mae o'n gwella llawer ac mae pobol yn dod o bell i'w weld o.'

'Debyg iawn. Oes 'na lawer o bobl ddiarth ar hyd y fan 'ma?'

Roedd y dyn 'ma'n holi'n ofnadwy, meddyliodd Rhys. Cofiodd fel yr oedd Dr Wiliems wedi ei rybuddio'n ddiweddar: 'Mae 'na nifer o ddieithriaid yn mynd trwy Nant Conwy ar hyn o bryd, Rhys, a does dim modd gwybod pwy ydi pwy. Rydan ni'n byw mewn cyfnod enbyd. Felly, pan fyddi di allan ar neges a dyn diarth yn dy holi di, ateb yn foesgar iddo, ond yn fyr ac yn bwyllog.'

'Welais i neb ond y chi, syr.'

Roedd gan y dyn lygaid golau treiddgar. Gwelodd Rhys fflach ynddynt pan ddywedodd o hyn. Doedd o ddim mor annhebyg i rith yr hen fynach y munud hwnnw.

'Fe soniaist ti am bobl yn dod o bell i weld dy feistr. Mwy nag arfer?'

'Wn i ddim, syr; dim ond ers chwe mis y bûm i efo fo. Mae 'na fwy ar ddechra' gaea' am fod 'na fwy o afiechydon.' Cododd y cwd ar ei gefn, a gosod y fasged fawr ar ei fraich. Estynnodd y dyn fasged fechan a'i llond o wenwyn iddo.

'Beth ydi barn y werin bobl am Dr Wiliems?

10

Ydyn nhw'n meddwl amdano fel dewin, a fynta'n defnyddio gwenwyn i wella cleifion?'

'Chlywais i neb erioed yn galw'r doctor yn ddewin. Maen nhw'n gwybod i fod o'n ddyn dysgedig o Rydychen.' Roedd un neu ddau yn honni'i fod o'n 'dipyn o Babydd', peth gwahanol iawn. Doedd y rhan fwyaf o bobl Trefriw ddim yn edliw hynny amdano, 'chwaith, hwyrach am eu bod yn dipyn o Babyddion eu hunain. 'Mae Dr Wiliems yn ddyn da iawn.' Ceisiodd roi tro i'r sgwrs: 'Mae rhai pobol yn dweud bod Mr Siôn Wynn o Wydir wedi 'i werthu 'i hun i'r Gŵr Drwg, ond—'

Tawodd, a theimlo gwrid yn codi i'w wyneb. Wrth osgoi un trap, roedd o wedi syrthio i un arall. Dweud peth fel yna am Siôn Wynn o Wydir, y gŵr cyfoethoca' a'r mwyaf pwerus yn yr ardal, os nad yng Ngogledd Cymru!

'Ond—dydi o ddim?' gofynnodd y dieithryn gan wenu'n slei.

'Ond celwydd ydi hynna gan bobol ffôl,' meddai Rhys. 'Dw' i'n 'i gael o'n fonheddwr ffeind iawn.'

'O, wyt ti'n 'i nabod o?' gofynnodd y dyn.

'Pan oedd Mam yn fyw mi ofalodd Mr Wynn am fy addysg i ac Arthur—fy mrawd mawr i ydi Arthur—yn ysgol Gwydir, a phan aeth Arthur i Brifysgol Rhydychen mi gefais inna' fynd at Dr

Wiliems i Drefriw. Mae Mr Wynn yn perthyn i Dr Wiliems, ychi. Dyn clên ydi o.'

'Rydw'i wedi nabod sawl dyn sydd wedi ei werthu'i hun i Satan,' meddai'r dyn, 'ac fel rheol roedden nhw'n medru bod yn ddynion clên iawn.' Ond tybiai Rhys mai pryfocio yr oedd o. 'Beth yw enw dy dad, gyda llaw?'

'Gruffydd ap Hywel, Llys Gethin. Ond mi gafodd 'i ladd yn y rhyfel yn Iwerddon pan oeddwn i'n fychan.'

'Fel llawer dyn da arall,' meddai'r dyn yn addfwynach nag o'r blaen. 'Dywed imi, ydi dy feistr di'n meddwl bod bendith neilltuol ar y llysiau 'na, am eu bod wedi tyfu ar safle'r abaty?'

Petrusodd Rhys. Roedden nhw wedi tynnu'r abaty i lawr, saith deg o flynyddoedd yn ôl, am nad oedd bendith i'w gael yno mwyach. 'Nac ydi, am wn i, syr. Ond mae o'n dweud bod yr hen fynaich yn gwybod 'u petha', a bod 'na fathau o blanhigion i'w cael yma nad ydyn nhw ddim yn tyfu yn unman arall.'

'Wel,' meddai'r dieithryn, 'dywed wrth Dr Wiliems ein bod ni wedi taro ar ein gilydd. Mi ŵyr o amdana'i, rwy'n credu—Mason yw f'enw. Siawns na fydda'i'n galw arno cyn bo hir.'

'Ydach chi'n sâl, syr?'

'Nac wyf,' meddai Mr Mason yn araf, 'ond rwyf yn pryderu am fod eraill yn sâl, ac yn dymuno cyngor meddyg. Beth yw d'enw di, hefyd?'

'Rhys Gruffydd, syr.'

'Yn iach iti, Rhys Gruffydd.' A'r eiliad nesa' roedd o wedi troi a diflannu i'r niwl mor ddirgelaidd ag y daeth o.

Wrth frysio trwy'r gwyll tua Threfriw, aeth Rhys dros y sgwrs yn ei feddwl. Doedd o ddim wedi dweud dim o'i le, ar wahân i'r cyfeiriad twp 'na at Siôn Wynn o Wydir. O leiaf, doedd o ddim wedi yngan gair am Huw Prydderch.

Os oedd Rhys yn amheus ynghylch Mr Mason, teimlai'n chwilfrydig ynghylch Huw Prydderch hefyd. Y gwahaniaeth oedd fod Huw'n llanc ifanc dymunol, a phawb yn nhŷ Dr Thomas Wiliems yn teimlo'n gartrefol yn ei gwmni o'r diwrnod cynta' y daeth o i'r ardal bythefnos ynghynt. Brodor o Sir Ddinbych, meddai; tipyn o ysgolhaig er nad oedd o'n ddim ond dwy ar bymtheg oed, ac yn medru sgwrsio â Dr Wiliems am y beirdd ers talwm. Roedd o'n helpu Rhys efo'i wersi Lladin a Saesneg, hefyd, pan fyddai'r meddyg yn brysur, a braf oedd cael cwmni rhywun ifanc yn y tŷ, achos roedd Rhys wedi colli cwmni ei ffrindiau ysgol a'i chwaer Mali'n ofnadwy. Roedd Thomas Wiliems yn hen lanc yn tynnu at ei drigain oed, a'i chwaer weddw, Meistres Lowri, a gadwai'i dŷ, bron cyn hyned, ac roedd y forwyn a'r gwas (perthnasau pell i'r teulu) yn bobl mewn oed.

13

Beth bynnag, hoffai pawb Huw Prydderch. Gorau oll, roedd o'n nabod Arthur!

Doedd brawd Rhys ddim wedi dod adre' ar ddiwedd ei flwyddyn gyntaf yn Rhydychen, am ei fod wedi cael gwaith yn ystod gwyliau'r haf fel ysgrifennydd i fonheddwr yn Sir Ddinbych. Roedd Rhys yn siomedig ofnadwy. Wel, eglurodd Dr Wiliems, fe fyddai'r profiad o werth i Arthur, gan fod bywyd yn nhŷ bonheddwr yn addysg ynddo'i hun. Gwyddai Rhys hefyd ei bod hi'n draul ar eu taid a'u nain yng Nghaernarfon, teulu'u mam, i roi addysg prifysgol i Arthur, a bod rhaid iddo helpu i'w gynnal ei hun. Er syndod i'r bachgen, eglurodd Huw mai ei dad o oedd y bonheddwr yn Sir Ddinbych, noddwr Arthur!

'Ychydig o gyfle gefais i i ddod i nabod Arthur,' meddai Huw gan wenu'n gynnes, 'ond mi gymerais i ato ar unwaith. Roeddwn i ar y Cyfandir am y rhan fwyaf o'r haf, yn dysgu ieithoedd.'

Amheuai Rhys fod Dr Wiliems a'i chwaer yn gwybod rhywbeth am Huw Prydderch nad oedd o, Rhys, yn ei wybod. Honnai Huw fod Dr Wiliems yn feistr ar Gymraeg a Lladin, a'i fod yn dymuno dysgu gan un o ysgolheigion mwyaf yr oes; eto i gyd, byddai'n diflannu am oriau, ac weithiau am ddiwrnod cyfan, heb eglurhad, o leiaf i Rhys. Peth arall; doedd o ddim yn cuddio, ond doedd o'n dangos fawr ar ei hun 'chwaith. Byddai'n mynd a dod yn ddistaw bach, fel rhith. Yn arbennig, os dôi Siôn Wynn o Wydir neu un o'i weision i'r tŷ, fyddai dim hanes o Huw y pryd hwnnw. Deallai Rhys, heb i neb ddweud wrtho'n uniongyrchol, nad oedd Siôn Wynn ddim i wybod am yr ymwelydd o Sir Ddinbych. Hwyrach nad oedd teulu Huw ddim ar delerau da â Wynniaid Gwydir. Nid pawb oedd yn hoffi Siôn Wynn. Roedd nain Rhys, mam ei dad, yn ei gasáu â chas perffaith. Sut bynnag, er bod Huw Prydderch yn gwmni difyr, roedd 'na ddirgelwch yn perthyn iddo. Pan ddaw Arthur adre', meddyliodd Rhys, mi ga'i hanes Huw ganddo fo.

2

Roedd y daith i Faenan wedi codi awydd bwyd ar Rhys, a phan aeth i'r gegin efo'r llysiau roedd o'n falch o weld Meistres Lowri a Cadi'r forwyn yn darparu pryd. Daeth dŵr i'w geg wrth iddo glywed aroglau da cawl yn berwi, a bara newydd ei grasu. Clywai furmur lleisiau o stydi Dr Wiliems yr ochr draw i'r pared, ac ystumiodd Cadi'r geiriau 'Siôn Wynn' yn ddistaw. Sibrydodd Meistres Lowri: 'Well iti fynd i gyfarch Meistr Wynn, Rhys.'

Roedd y lleisiau yn y stydi wedi tewi. Mentrodd Rhys guro'n ddistaw. Dim ateb. Yn araf, cilagorodd y drws. Safai Siôn Wynn ar yr aelwyd yn union gyferbyn ag o. Pan adnabu Rhys, saethodd ei aeliau uchel hanner ffordd i fyny'i dalcen, a goleuodd ei wyneb trwyddo. Yn amlwg, roedd hwyl dda arno. Casglodd Rhys y byddai'n saff iddo sleifio i mewn. Ymgrymodd i gyfeiriad Meistr Wynn wrth lithro i'w gongl arferol, lle'r oedd gwaith yn ei ddisgwyl bob amser.

Wyddai Dr Wiliems ddim fod Rhys yno. Craffai ar hen femrwn yng ngolau'r tân, a doedd ganddo glust na llygad i ddim byd arall.

'Wel?' meddai Siôn Wynn toc.

'Mae o'n perthyn i gyfnod Owain Glyndŵr, mi dybiaf. O'r abaty ddaeth o?'

'Y—synnwn i ddim,' meddai Meistr Wynn. 'Mi ddois i o hyd iddo ymhlith hen bapura' fy nhaid. Roedd o'n ddyn eitha' trefnus, fel y gwyddost ti. Llawn cystal fod y memrwn wedi syrthio i ddwylo rhywun oedd yn ddigon call i adnabod 'i werth o a'i gadw'n ofalus, yn lle mynd â fo i gaboli'i sgidia', fel y gwnaeth rhai o'r tacla' di-feind fu'n rheibio'r mynachdai yn Lloegr.'

'Elli di adael hwn yma am ychydig ddyddia'?' gofynnodd Dr Wiliems yn eiddgar. 'I roi cyfle imi 'i ddarllen o'n llwyr, a chodi nodiadau?'

'Wel, debyg iawn, Tomos.'

'Dwi'n amau fy mod i'n nabod y llawysgrifen.

16

O, mi ddoist yn ôl, Rhys, 'y machgen i. Weli di hyn, Siôn . . .?'

Wrth edrych ar y ddau'n eistedd ochr yn ochr wrth y tân yn ystyried yr hen lawysgrif, mor gytûn a dedwydd, chwarddodd Rhys wrtho'i hun o feddwl bod neb yn sôn amdanyn nhw fel swynwyr, a gweision y Gŵr Drwg! Roedden nhw'n bâr od, bid siŵr; y gŵr tal o Wydir yn ei siwt ddrud o Lundain, a'r meddyg main cwm-anllyd yn ei hen ddillad plaen tywyll, wedi eu llwydo'n dragwyddol â chen o lwch a staeniau amrywiol, er gwaethaf holl ymdrechion Meistres Lowri i 'dwtio tipyn ar ddillad y doctor': dau gefnder parchus canol oed er hynny, a rhyw dric o olau'r tân yn dangos tebygrwydd yn eu hwynebau.

Ond edrychai'r stafell yn union fel cegin gwrach! Crochan o ryw gymysgedd cryf ei sawr yn ffrwtian uwchben y tân, sypiau o lysiau wedi eu crogi o'r distiau i sychu, poteli o bob maint a siâp a lliw ar hyd y silffoedd—roedd y rhain i gyd wedi deffro ias yng nghalon Rhys pan welodd o nhw gynta', chwe mis ynghynt. Ers hynny, roedd o wedi dechrau dysgu tipyn am eu rhinweddau, ond roedden nhw'n dal i'w gyffroi. Prin y gallai neb weld y dodrefn, gan fod llyfrau, nodiadau a hen femrynau melyn wedi eu pentyrru arnyn nhw, a'r llawr o'u cwmpas. Gwyddai Rhys fod gan y meddyg ei drefn ei hun, ond i rywun arall edrychai'r cwbl

17

fel y llanastr mwyaf dychrynllyd o dan haul. Roedd ar Cadi ofn drysu 'tacla'r doctor', a byddai'r arogleuon cas a'r llwch yn gwneud iddi disian. Lle preifat Thomas Wiliems oedd hwn. Roedd Rhys yn eitha' hapus yn y stydi, ac roedd Siôn Wynn wrth ei fodd yno.

'Ydi, mae hwnna'n hen air da,' meddai hwnnw, gan gyfeirio at rywbeth yn y memrwn o abaty Maenan. 'Gyda llaw, sut mae'r Geiriadur yn dod ymlaen?'

'Wel, mae Rhys a fi'n honni, os na ddaw rhyw afiechyd mawr i'r ardal yr ochr yma i'r 'Dolig (na ato Duw!) y cawn ni ddechrau ar y llythyren M cyn bo hir! I ddweud y gwir, rydw i'n dod o hyd i ragor o eiriau byth a beunydd, dyfyniadau campus ar gyfer A, B ac C!'

'Rhys?' Croesodd Siôn Wynn at y bwrdd yn y gongl lle'r oedd Rhys, wrth olau cannwyll, yn ychwanegu rhyw fân nodiadau at fwndelau bach o bapurau wedi eu clymu'n drefnus. 'Bobol bach, Tomos! Gwarchod pawb! Dwyt ti 'rioed yn gadael i'r cyw 'ma ymyrryd â'r Geiriadur? Mi wnaiff smonath drybeilig!'

'Dim o gwbl,' meddai'r meddyg yn dawel slei. 'Does gen ti ddim mwy o ffydd na hynna yn addysg Gwydir? Mi ddysgodd Rhys lawer yno—'

'Do, ond—'

'Yn arbennig yr ABC. Does angen dim arall arno ar hyn o bryd wrth drin nodiadau'r Geir-

19

iadur. Mae o'n 'u gosod nhw mewn trefn imi ac yn deall y cynllun i'r dim. Hyd yn hyn mae o wedi gweithio'n ofalus ac wedi arbed llawer o drafferth i mi.'

'Chwarae teg i'r bachgen,' meddai Siôn Wynn, wedi newid ei dôn mewn munud. 'Tipyn o gamp ydi dallt dy sgrifen di, gefnder!'

'Ddim i lygaid ifainc, efallai,' meddai Dr Wiliems.

'Dwi'n iau o lawer na chdi, cofia hynna! Ond mae'r hen beswch yn fy mhoeni i a dwi am iti wneud ffisig imi, ar gyfer fy nhaith i Lundain.'

'Llundain!' Trodd y meddyg i roi coed ar y tân.

'Wrth gwrs, mae taith mor bell ar ddechrau gaea'n draul ofnadwy ar iechyd dyn. Ond mae o'n ddyletswydd arna'i fel Aelod Seneddol i fynd,' meddai Siôn Wynn yn hunan-gyfiawn, 'er lles y sir.'

'Debyg iawn.'

'Mae dynion da Sir Gaernarfon yn dibynnu arna'i i fynegi eu barn i'r Senedd. Ac felly,' ochneidiodd Siôn Wynn, 'rhaid mynd i Lundain, er mor gostus ac anghyfleus ydi'r siwrnai.'

'Dwyt ti'n twyllo neb,' meddai'r meddyg yn ddistaw bach, ond ddim mor ddistaw fel na fedrai Rhys glywed pob gair. 'Rwyt ti'n hoff o'r ddinas fawr.'

'Wel—am ambell beth,' cyfaddefodd Meistr

20

Wynn. 'Fu gen ti erioed fawr i'w ddweud wrth Lundain, naddo?'

'Hen le anghynnes.'

'Ond fuost ti ddim yno ers deugain mlynedd, mi w'ranta', yn gynnar yn amser yr hen frenhines! Mae Llundain wedi newid llawer ers hynny! Mi dyfodd yn odidog yn oes Elisabeth, ac o dan y brenin newydd mae popeth yn ailflodeuo'n harddach nag erioed!'

Nid atebodd Dr Wiliems am funud. 'Oes, mae 'na ryw firi mawr yn Llundain bob amser.'

'Yn union—mae'r byd i gyd yn dod i Lundain. Mae dyn yn clywed newyddion gwledydd eraill Ewrop, hanes y llywodraeth, a'r llys—O, does dim angen iti grychu dy drwyn, Tomos! Mae 'na ddynion gwyllt ymhlith ffrindiau'r Brenin James, ond be' arall sydd i'w ddisgwyl gan anwariaid o'r Alban? Ond dydi James 'i hun ddim yn ffŵl. Mae o'n dymuno llywodraethu'n deg—'

'Doeddet ti ddim o'i du o i ddechrau,' meddai'r meddyg yn ddistaw.

'Am 'i fod o wedi gwneud ffrindia' â'r Pab, ac yn sôn am droi'n Babydd, neu dyna'r si ar un adeg. Ond mae o'n cefnogi Eglwys Loegr, yn union 'r un fath ag Elisabeth.'

'Mae o wedi torri pob addewid,' meddai Dr Wiliems. 'Does dim egwyddor yn y dyn.'

'Dydi'r brenin ddim yn dymuno erlid neb.'

'Mae o'n erlid y Pabyddion, hyd at angau, am ddilyn yr Hen Ffydd. Alla'i ddim meddwl ei bod hi'n iawn i bobol ddiodde' am fod yn driw i grefydd eu tadau.'

Synnodd Rhys at ei feistr yn siarad mor llym a beiddgar gyda Siôn Wynn, ac at dôn amyneddgar hwnnw wrth ateb:

'Mae'r oes wedi newid, Tomos. Pob parch i'r tadau, ond mae'r Eglwys wedi cael ei diwygio, a phopeth wedi newid er gwell. Meddylia: y Llyfr Gweddi a'r Beibl yn Gymraeg! Mae oes y Tuduriaid wedi mynd heibio, ydi, ac roedd hi'n oes aur i ni'r Cymry ar lawer cyfri'. Ond mae'n rhaid gwneud y gorau o'r byd sydd ohoni, gefnder! Mae'r Brenin James yn dymuno'n dda i'r Cymry—wel, mae 'na dipyn o waed y Tuduriaid ynddo ynta'!'

'Fe wnaeth y Tuduriaid eu gorau i'n troi ni'n Saeson. Rŵan mae James am ein troi ni'n Albanwyr.'

'O, paid â bod mor anniolchgar, ddyn! Dydi James ddim yn berffaith, ond pa ddewis sydd 'na? Brenin Sbaen? Rydw'i wedi treulio f'oes yn diogelu'r wlad 'ma rhag Sbaenwyr. Does fawr o amser ers inni guro'r Armada! Dydw'i ddim am agor y drws i'r Sbaenwyr rŵan a'u gwahodd nhw i mewn i wledda ar fy na i.'

Ddywedodd Thomas Wiliems ddim.

'A sôn am yr Hen Ffydd,' meddai Siôn Wynn, 'mi wyddost cystal â fi, Tomos, nad ydi'r offeir-

iaid sy'n ymgripian i mewn i Gymru o'r Cyfan-
dir er mwyn ennill pobl yn ôl i Grefydd Rhufain
ddim yn debyg i hen offeiriaid y Cymry ers
talwm. Roedd y rheini yn olyniaeth hen saint
Cymru. Ond mae'r brîd newydd 'ma o offeir-
iaid wedi cael eu meithrin yn Ffrainc a Sbaen
a'r Eidal. Sbaenwyr ydyn nhw, nid Cymry!'

'Dichon dy fod ti'n iawn,' meddai'r meddyg.

'Na, mae'r brenin 'ma wedi dod i'r orsedd yn
heddychlon, diolch i Dduw, ac mae'n rhaid i ni
ei gadw fo'n ddiogel arni hi am nad oes 'na neb
hanner cystal i gymryd ei le o. Rhys Gruffydd!'

Neidiodd y bachgen wrth glywed Meistr
Wynn yn gweiddi arno.

'Rhys, rwyt ti wedi fy nghlywed i'n sôn am
Faredudd, cyn-daid i mi a'r Doctor 'ma?'

'Do, syr.' Roedd gan Siôn Wynn straeon am
anturiaethau'r arwr hwn.

'Pan oedd Maredudd yn ifanc, Rhys, roedd
'na ryfeloedd yn y wlad 'ma am lawer blwydd-
yn, am fod dynion yn codi yn erbyn y brenin.
Roedd Nant Conwy'n ddiffeithwch. Neb yn
trin y tir, neb i ofalu am ddim. Roedd y ceirw
coch yn rhedeg ym mynwent Llanrwst, ac fe
dyfai'r glaswellt dros faes y farchnad. Dyna
sy'n digwydd pan fo dynion yn rhyfela yn
erbyn y brenin. Os daw rhyfel i'r tir, mae
crefydd a dysg a phob dim arall yn mynd. Mae
dysg wedi ffynnu o dan y Tuduriaid,—' ac
edrychodd Siôn Wynn o'i gwmpas ar holl

23

lyfrau a memrynau'i gefnder—'am eu bod nhw wedi uno'r wlad a chadw trefn! Wyt ti'n dallt hynna?'

'Wn i ddim, syr.'

'Wel, cofia di be' ddwedais i, rhag ofn i beth tebyg ddigwydd yn dy oes di dy hun.'

Roedd Dr Wiliems wedi eistedd yn ddistaw trwy hyn i gyd. Toc, meddai: 'Pa ffisig sydd arnat ti eisio ar gyfer y daith i Lundain?'

'O, mi wyddost—un at grygni a dolur gwddw, un arall at beswch, a'r stwff 'na at gamdreuliad.'

'Wyt ti'n cychwyn yn fuan?'

'Mewn digon o bryd i agoriad y Senedd.'

'A pha bryd mae hynny?'

'Y pumed o Dachwedd.'

Daeth clec o gyfeiriad y tân. Rhaid fod y fflamau wedi cydio mewn ystor yn y boncyff a gwneud iddo ffrwydro'n ffyrnig. Neidiodd tafodau tân o'r pren, a dyma'r gymysgedd yn y crochan yn berwi dros yr ymyl gyda phoeri swnllyd fel cathod yn ffraeo. Roedd y drewdod yn ddifrifol. Rhedodd Rhys i helpu Dr Wiliems i symud y crochan o'r neilltu. Yng nghanol y ffwdan agorodd Meistres Lowri'r drws:

'Tomos, mae gwas Robat Owen, Bodsilin yma. Elli di—Nenno'r tad, be' ydi'r stomp 'ma?'

Tra oedd Dr Wiliems yn siarad yn ddistaw â gwas Robat Owen wrth y drws, gwnaeth

24

Meistres Lowri i Siôn Wynn yfed llymaid o win. Clywodd Rhys y meddyg yn dweud wrth ffarwelio â'r gwas: 'Dywed wrth dy feistr nad ydi'r ffisig ddim yn barod eto. Mi anfona'i o gynted ag y galla'i.'

'Rargian, mae hi fel bol buwch tu allan,' cwynodd Siôn Wynn. 'Diolch nad oes gen i ffordd bell i fynd.' O dan ei wynt (ond roedd sibrwd Siôn Wynn yn uwch na bloedd ambell un) meddai: 'Dwi'n falch fod y bachgen yn ufudd. Mi ddaw ymlaen yn iawn ond iti 'i gadw fo draw o'r hen Fodlen, yr hen gnawas 'styfnig!'

Gwyddai Rhys mai cyfeiriad oedd hyn at ei nain, mam ei dad, Magdalen ach Gethin, oedd wedi ei fagu ers iddo golli ei fam.

Wrth y bwrdd swper soniodd wrth ei feistr am ei sgwrs â Mr Mason wrth safle'r hen abaty.

'Mason!' meddai Dr Wiliems, ac fe saethodd Huw Prydderch (oedd wedi ymddangos o rywle fel arfer ar ôl ymadawiad Siôn Wynn) edrychiad ato, fel petai'r enw'n cyfleu rhywbeth iddo. Ond chymerodd y meddyg ddim sylw.

'Dwi'n nabod yr enw, ond alla'i ddim dweud fy mod i'n cofio'r dyn,' meddai.

'Mi ddwedodd fod rhai o'i deulu'n glaf, ac y dôi o i'ch gweld chi cyn bo hir.' Wyddai Rhys ei hun ddim pam yr oedd o'n dal i boeni am gwestiynau Mr Mason, ac yn teimlo fel dyn oedd wedi bod ar brawf.

3

Roedd geiriau olaf Meistr Wynn wedi pigo Rhys, a phan ofynnodd Dr Wiliems iddo fynd â ffisig i Lanrwst, gofynnodd am ganiatâd i ymweld â'i nain yn Llys Gethin. Roedd y ffcrm filltiroedd y tu draw i Lanrwst, mewn lle diarffordd, a doedd Rhys ddim wedi gweld ei nain a'i chwaer ers misoedd. Roedd pob dydd yn brysur yn nhŷ Dr Wiliems, ond atebodd yn barod:

'Dos ar bob cyfri', cyn y gaeaf.'

Cyflymodd cam Rhys wrth iddo agosáu at Lys Gethin, cartref ei dadau. Roedd o'n dyheu am weld ei chwaer Mali, achos roedd llai na blwyddyn o wahaniaeth yn eu hoed ac roedden nhw'n ffrindiau mawr pan oedden nhw'n iau.

Ond synnodd at aflerwch y lle. Roedd ganddo atgof o fferm fach daclus, ond edrychai'n dlodaidd a hanner gwyllt rŵan, fel petai'r tŷ a'i gyffiniau ar fin suddo'n ôl i'r tir. Roedd ei nain yn ddynes heini, ac roedd ganddi was ac wyres i'w helpu. Beth oedd wedi digwydd?

Curodd ar y drws. Ymhen munud neu ddau, agorwyd ychydig arno'n araf gyndyn. Syllai geneth denau arno â llygaid mawr ofnus.

Newidiodd ei gwedd. 'Rhys,' meddai, ond heb wên.

'Mali!' Cydiodd ynddi a'i chusanu. Ond roedd ei boch hi'n welw ac yn oer. Prin y gallai neb ddweud am eneth un ar ddeg oed ei bod hi wedi heneiddio, ond roedd y bywyd wedi mynd ohoni hi. 'Mali, be' sy'n bod? Wyt ti'n wael?'

Ysgydwodd ei phen. 'Dwi'n iawn.'

'Nain—bl'e mae Nain?' Roedd y tŷ'n dywyll ac yn oer, heb ddim ond tân mawr yn llosgi'n isel.

'Dyma fi, Rhys Gruffydd. Mi ddoist ti o'r diwedd,' meddai llais gwan o gongl bella'r stafell. Doedd dim i'w weld o'i nain ond wyneb main gwyn a chudynnau o wallt tywyll wedi eu gwasgaru'n llac dros y gobennydd. Edrychai'n debyg i'w fam yn ei gwaeledd olaf.

'Mae golwg lewyrchus iawn arnat *ti*, beth bynnag,' meddai Modlen ach Gethin yn hallt. 'Byw'n fras yn nhŷ'r meddyg 'na, perthynas Siôn Wynn.' Daeth tipyn o'r hen egni'n ôl yng nghasineb y geiriau olaf.

Feiddiai Rhys ddim protestio nad oedd neb yn nhŷ Thomas Wiliems yn byw'n fras, mai dyn tlawd oedd yntau. Roedd Rhys wedi dilyn ei feistr bellach i lawer caban, a gweld trueni'r werin bobl. Ond roedd Nain a Mali'n ferched i hen deulu o uchelwyr, meddyliodd; doedden nhw ddim yn dlawd! 'Nain bach, rwyt ti'n sâl!' meddai.

'Nac ydw, nenno'r holl saint! Mi gefais i dipyn o godwm, dyna'r cwbwl. Ond mi ddof ataf

27

fy hun ymhen diwrnod neu ddau, paid ti â phoeni. Yr hogan wirion 'na sy'n gwneud môr a mynydd o'r peth. Mali, pam na wnei di damaid o fwyd i dy frawd?'

'Mali,' sibrydodd Rhys, 'does arna'i ddim eisio bwyd. Dywed wrthyf be' sy'n bod.'

Edrychodd ei chwaer yn gyffrous i gyfeiriad y gwely, a'i dynnu allan trwy'r drws i'r buarth.

'Mi ddigwyddodd popeth ar unwaith. Mi aeth Hwlcyn yn sâl.' Yr hen was oedd hwnnw. 'Peswch arno a cholli'i nerth, a Nain yn gweiddi arno fo—mi wyddost amdani. Ond doedd dim yn tycio ac mi welodd 'i fod o'n wael o ddifri'. Wedyn dyma'r fuwch ddu'n marw. Mi syrthiodd Nain wrth drio trwsio'r to—'

'Trwsio'r to!'

'Roedd y glaw'n llifo i mewn. Roedd Nain mewn poen garw, ond mi fynnodd 'i llusgo'i hun o gwmpas am wythnosau, ac O, roedd hi'n flin! Yn y diwedd, dyma hi'n disgyn yn glwt.'

'Wel, druan ohonot ti, Mali bach! Ond roedd 'na gnaea' da eleni.'

'Oedd, ac mi gawson ni o i mewn ryswut. Ond mi gafodd Nain 'i chosbi am beidio â mynd i'r eglwys, a doedd ganddi mo'r arian i dalu'r ddirwy, a dyma nhw'n mynd â'r eiddo yn 'i lle hi!'

Dyna pam roedd y tŷ mor llwm. Dyna pam roedd y ddwy'n newynu. Gwyddai Rhys fod ei nain wedi glynu wrth yr Hen Ffydd. Ond roedd ei fam wedi cael ei magu'n aelod o Eglwys Loegr yng Nghaernarfon, ac ar ôl priodi roedd hi wedi mynd i eglwys y plwy' gyda'i phlant. 'Mae'r oes wedi newid er pan oedd eich nain yn ifanc,' meddai wrth y tri. 'Mae hi'n dilyn yr hen ffordd, ond cofiwch mai Protestaniaid ydych chi.' A doedd neb erioed wedi edliw fod Nain yn Babydd tan rŵan.

'Dyna'r ddeddf, meddan nhw,' sibrydodd Mali.

Allai Rhys mo'i hateb, am fod rhywbeth yn chwyddo yn ei wddf ac yn ei dagu. Yn ei galon gwaeddodd am ei fam ac Arthur. Roedd y newid yn ei chwaer yn ei ddychryn. Roedd hi'n tyfu'n dal ac yn denau fel planhigyn afiach, a'i gwisg wedi mynd yn gwta iddi gan ddangos ei choesau main noeth. Pan adawodd o'r cartre i fynd i Drefriw, gofalodd ei nain am ddwy siwt o ddillad da iddo, a sawl pâr o sanau . . . Gofynnodd yn sydyn: 'Beth ydi'r olion coch 'na ar dy goesa' di?'

Mwmiodd Mali heb edrych arno: 'Mi eis i'r coed i hel pricia' a'u crafu nhw.'

'Nid crafiada' ydi'r rheina.'

Aeth wyneb Mali'n ddi-siâp fel petai hi ar fin wylo. 'Paid â dweud wrth Nain. Mi fasa'n fy lladd i. Doedd 'na ddim blawd yn y tŷ, ac mi eis i'r castell i ofyn am fara.'

'Castell Gwydir?'

Nodiodd Mali. 'Roedd 'na bobol eraill yno, yn —yn gofyn am fwyd. Ond mi ddaeth gwas i'r drws efo ffon—'

'Mali.'

'—A gweiddi enwau drwg arnon ni, a'n taro ar ein traed a'n coesa' efo'r ffon—'

'Blant!' galwodd Nain o'r tŷ, a throdd Mali'n euog a thynnu Rhys ar ei hôl i'r gegin. 'Waeth iti heb â sibrwd,' meddai Modlen ach Gethin wrthi. 'Roeddwn i'n clywed pob gair. Ac mi fasa'n well gen i fod wedi dy gladdu di na meddwl dy fod ti'n mynd i gardota i dŷ Siôn Wynn.'

'Dim ond unwaith,' meddai Mali.

'Rwyt ti'n meddwl yn dda o'r dyn yna, Rhys, am 'i fod o wedi gofalu am addysg i ti ac Arthur yn ysgol Gwydir—"er mwyn eu mam," dyna ddwedodd o. Nage; er mwyn cael dau fachgen gloyw'n weision iddo fo pan fyddwch chi wedi dysgu digon i wneud 'i waith budr o yn y gyfraith a'r eglwys.' Poerodd Nain 'gyfraith' ac 'eglwys' fel petaen nhw'n eiriau drwg. 'Pam wyt ti'n meddwl bod dynion y gyfraith wedi dod yma a chymryd fy eiddo i oddi arna'i— y mochyn, a'r ceirch, a chist fy hen nain oedd yn fwy o werth i mi na'r cyfan?'

Ysgydwodd Rhys ei ben yn fud.

'Am fy mod i'n gwrthod gwerthu Llys Gethin i Siôn Wynn, dyna pam. Mae o wedi meddiannu'r tiroedd 'ma bron i gyd, ac mae o'n dân ar 'i groen o os ydi ambell un yn mynnu dal 'i afael yn nhir 'i dadau a gwrthod bod yn denant i Siôn Wynn. Mae 'nheulu i wedi bod yn uchelwyr yn y Llys ar hyd y canrifoedd, cyn i Faredudd ab Ifan erioed ddod ar gyfyl Gwydir, yr hen walch iddo fo! Mae'n well gen i farw'n rhydd na bod yn denant i Siôn Wynn.'

Roedd y werin bobol yn dweud y gwir, felly, meddyliodd Rhys. Roedd Siôn Wynn yn deyrn. *Roedd* o wedi ei werthu ei hun i Satan. Be' alla'i wneud? gofynnodd iddo'i hun. Be' fedrai neb ei wneud, o ran hynny, yn erbyn dyn fel Siôn Wynn?

'A phaid ti â dweud gair am hyn wrth y dyn 'na yn Nhrefriw,' meddai Nain, '—câr Siôn Wynn, un arall o epil melltigedig Maredudd!'

'Wel, Magdalen ach Gethin, sut hwyl sydd arnoch chi erbyn hyn?'

'Cymer ofal ddod ar fy nghyfyl i, Tomos ap Wiliam! Does arna'i ddim eisio i neb o deulu Siôn Wynn ymyrryd â mi.'

Chymerodd Dr Thomas Wiliems ddim sylw o hyn, dim ond mynd at ymyl y gwely. 'Does dim o'i le arna'i,' meddai Modlen ach Gethin yn ystyfnig, 'neu *fydda'* 'na ddim o'i le onibai am ddialedd Siôn Wynn. Chaiff o byth mo'r Llys gen i, achos etifeddiaeth Arthur ydi o. Dwyn fy na i am nad ydw'i ddim yn mynd i'r eglwys! I be' awn i i'r eglwys i wrando ar ryw fregliach

31

Saesneg, a minnau'n dallt dim gair ohono fo?'

'Yn Gymraeg mae'r gwasanaeth rŵan,' meddai Mali'n nerfus.

Edrychodd Thomas Wiliems ar y ddwy, a dweud dau air Lladin. Gwyddai Rhys eu bod yn golygu 'Tangnefedd i chwi.' Ac fe wyddai beth fyddai'n dilyn, am ei fod wedi ei weld droeon wrth ymweld â chleifion efo'r meddyg. Fe wnaeth Thomas Wiliems arwydd y groes. Roedd Rhys wedi sylwi bod hyn yn cael effaith ryfedd ar glaf: byddai'n ymdawelu, er iddo fod mewn poen. Gwelodd yr un peth yn digwydd i'w nain, rhyw hedd yn dileu'r chwerwder yn ei hwyneb, a'i llaw denau'n ffurfio'r arwydd.

Cofiodd Rhys yr adeg, un noson yn stydi Thomas Wiliems, pan ofynnodd ei feistr iddo estyn rhywbeth o'r cwpwrdd lle yr arferai gadw'i 'win gorau', sef copïau o'r hen gywyddau. Wrth iddo symud y memrynau, daeth o hyd i rywbeth a barodd ysgytiad iddo. Cerflun pren oedd o, o Grist ar y groes, syml ac amrwd. Roedd ei athro yn ysgol Gwydir wedi ei ddysgu mai eilun oedd peth felly, peth ofergoelus oedd wedi ei wahardd gan gyfraith gwlad.

'Fy nhad ddaeth â hwnna o abaty Maenan,' meddai'r meddyg yn dawel, 'rhag iddo gael ei losgi neu'i luchio fel sbwriel. Arwydd ydi o o gariad y Gwaredwr yn diodde' trosom ni, a wela'i ddim drwg ynddo fo.' Ac wrth i Rhys edrych ar y cerflun, teimlai ryw barch a thyn-

33

erwch. Tybiai fod delw o'r fath wedi ei chuddio yng ngwely ei nain.

'Mi fyddaf farw yn y Ffydd y cefais i fy magu ynddi,' meddai Nain rŵan.

'Dichon fod y saint yn fodlon disgwyl am eich cwmni nes bydd y ddau ifanc 'ma wedi tyfu,' meddai'r meddyg, a synnodd Rhys weld gwên welw ar wefusau'i nain. 'Rŵan, mi gawn ni weld beth sy'n eich poeni chi. Rhys—' Amneidiodd tua'r drws.

Aeth Rhys allan gan deimlo rhyddhad mawr. Roedd o wedi ofni tafod miniog ei nain, ond roedd gan Dr Wiliems ddylanwad rhyfedd ar bobl.

'Mae gan dy nain iechyd da o'i hoed,' meddai hwnnw wrth Rhys yn nes ymlaen. 'Thorrodd hi ddim asgwrn yn y godwm, ddim ond rhoi tro cas arni'i hun a thynnu cyhyrau yn ei chlun a'i chefn. Rhaid iddi ddal i orffwys dros dro, ac fe wnaiff yr eli les iddi. Mae'r tri'n diodde' gan effeithiau newyn, ond dim ond yr hen was sy'n wael o ddifri'. Fe ddylai'r ffisig liniaru'r peswch, ond mae dyddiau gwaith caled ar ben iddo. Digalonni wnaeth dy nain a Mali; y wraig yn anobeithio am i'r naill anffawd ddilyn y llall, a'r eneth yn rhy ifanc i ofalu am bob dim. Gresyn fod Llys Gethin mor bell o Drefriw. Sut gymdogion sydd gan dy nain?'

'Tlawd, a does neb yn agos iawn. Ac ar ben hynny, mae Nain yn—yn annibynnol.'

34

'Hm. Mi wn i am ddyn a fyddai'n fodlon mynd yno dros dro, efallai, i gael trefn ar bethau nes bydd dy nain wedi gwella. Wedi'r cyfan, mae 'na beth o'r stoc ar ôl. Cyflenwad o flawd ceirch, a choed tân—O, mi ddôn o rywle!'

Roedd Rhys yn gyfarwydd â chlywed ei feistr yn pendroni fel hyn wrth geisio esmwytháu cyflwr y cleifion tlawd. Ond chwerw oedd meddwl am ei deulu o'i hun yn dibynnu ar ewyllys da pobl eraill. Ac roedd pryder mwy yn bwyta'i galon. Beth petai'r gyfraith yn dal i gosbi ei nain y naill flwyddyn ar ôl y llall? Byddai hi a Mali'n colli'r cwbl yn fuan iawn. Ac am y tro cyntaf, bu raid iddo wynebu posibilrwydd cas; y gallai'r erlid estyn ei grafangau at un arall oedd yn 'dipyn o Babydd', Thomas Wiliems ei hun.

Cofiai Mr Mason, y dyn ar safle'r abaty, ac fel roedd hwnnw wedi temtio Rhys i ddweud bod Dr Wiliems yn Babydd neu'n ddewin—y ddau, efallai. Rhedai dŵr oer i lawr ei gefn.

4

Yn yr wythnos o flaen Calan Gaeaf, teimlai Rhys ryw gyffro'n tyfu fel yr âi'r dyddiau'n fyrrach. Roedd afiechydon y gaeaf yn dechrau'n gynnar, a'r meddyg yn brysur iawn. Hyd y gwyddai Rhys, doedd o byth wedi darparu'r ffisig i Robat Owen.

Un bore tywyll, tra oedd Dr Wiliems yn gweld cleifion mewn stafell arall, eisteddai Rhys yn ei gongl arferol o'r stydi'n cyfieithu hanes Cesar a'i ryfeloedd yng Ngâl—patrwm o Ladin coeth, ond i Rhys roedd o'n sych drybeilig. Baglodd dros air dieithr, ac edrych i gyfeiriad Huw Prydderch, gan fod y llanc dysgedig hwnnw'n defnyddio'r geiriadur mawr Lladin wrth astudio nodiadau'r doctor. Roedd Huw'n sgrifennu'n ddiwyd a'i drwyn yn y llyfr, a doedd ar Rhys ddim eisio'i boeni. Ond pan aeth cysgod heibio i'r ffenest trodd Huw ei ben, mor effro â chath.

'Gwas Siôn Wynn,' meddai Rhys. Caeodd Huw'r geiriadur, aildrefnu'r nodiadau ar y ddesg yn frysiog a gwibio o'r stafell. Dyma gyfle Rhys i ddarganfod ystyr y gair dieithr. Wrth agor y gyfrol fawr sylwodd fod Huw wedi cuddio'i nodiadau, yn amlwg rhag i neb weld dim ar y ddesg ond llawysgrifen Dr Wiliems ei hun. Ond roedd ymyl darn o bapur yn dangos rhwng tudalennau'r geiriadur, fel petai Huw wedi ei daro yno'n sydyn. Tynnodd Rhys o allan gan feddwl gweld cyfieithiad Cymraeg Huw o ryw eiriau Lladin. Ond map oedd o o'r wlad rhwng y ddwy afon, Ogwen a Chonwy. Yn ei sgrifen drefnus roedd Huw wedi nodi sawl tŷ â chroes fach ac enw'r perchennog, Mr Hwn-a-

Hwn. Gwyddai Rhys am ddau neu dri ohonynt yn Nant Conwy, a doedden nhw ddim yn fon-eddigion mawr: neb tebyg i Siôn Wynn—

Yr eiliad hwnnw, clywodd lais treiddgar meistr Gwydir ei hun wrth ddrws y stydi. Gosododd y map yn ôl yn y geiriadur cyn rhuthro at ei ddesg a gwyro'i ben yn ei lyfrau fel y daeth Siôn Wynn i mewn â'r meddyg wrth ei sodlau.

'—ar fy ffordd i weld fy nheulu yng Nghonwy,' meddai'r gŵr mawr. 'Rwy' newydd dderbyn y presgripsiwn hwn gan arbenigwr o Amwythig, am *julep* at beswch—yr union beth ar gyfer fy nhaith i Lundain! Rydw' i am iti 'i baratoi o imi, Tomos, erbyn drennydd.'

'O, y—debyg iawn,' meddai Dr Wiliems, gan graffu'n amheus ar y nodyn.

'Sut mae'r Geiriadur yn dod ymlaen?' Ac er dychryn i Rhys, aeth at y ddesg ac edrych yn glòs ar y nodiadau. Er na wyddai Rhys beth oedd ystyr y map, gallai feddwl nad oedd Huw ddim wedi bwriadu i Siôn Wynn, o bawb, ei weld.

'Does dim llawer o gyfle i weithio arno'r dyddiau hyn, dyna'r drwg,' meddai Dr Wiliems. 'Gormod o alwadau eraill. Ond mae 'na lawer o ddefnydd ato wedi ei gasglu'n barod —ers pymtheng mlynedd ar hugain, a dweud y gwir.'

'Fe fydd hwn yn waith hynod,' meddai Siôn Wynn, gan ddal un neu ddwy o'r dalennau at y golau ac edrych o'r naill i'r llall. 'Fe ddengys hwn i'r byd pa mor gyfoethog ydi'r iaith Gymraeg. Fe wêl y Saeson, fe wêl y brenin ei hun, fod gennym ni'r Cymry ysgolheigion mawr.'

'Mi hoffwn i wneud rhywbeth dros genedl y Cymry,' meddai'r meddyg yn dawel. 'Ond—'

'Fe gostith arian go fawr i'w gyhoeddi. Paid ti â phoeni, Tomos. Mi ofala' i am hynny, pan ddaw'r amser.'

Cododd gwrid i wyneb tenau'r meddyg. 'Haelioni tywysogaidd fyddai hynny.'

'Twt!' Taflodd Siôn Wynn ei fraich am ysgwyddau'i gefnder. 'Dyma rywbeth a fydd yn byw i'r cenedlaethau a ddaw, er cof amdanon ni'n dau.' Tawodd am funud, a throi'r sgwrs: 'Garw o beth ydi'r haint 'ma yn Ninbych, Tomos—'

Wedi peth trafod ar y pwnc, meddai: 'O, cyn imi fynd odd'ma—glywaist ti sôn am bobol ddiarth yn llechian yn y dyffryn 'ma?'

'Fe ddaeth 'na wraig o Bentrefoelas i 'ngweld i ddoe—clefyd y galon arni hi, gre'duras.'

'Neb fel yna. Mi glywais am ddau ddieithryn: dyn sy'n ei alw'i hun yn Mason, yn siarad Cymraeg ag acen chwithig—'

'Dydw'i ddim yn nabod y dyn.'

'A llanc ifanc o'r enw Hywel Parri, bon-heddwr, o Sir Ddinbych.'

'Wn i ddim am neb o'r enw yna. Oes 'na rywbeth yn erbyn y ddau?'

'Nac oes, hyd y gwn i, ond elli di ddim bod yn siŵr o neb y dyddiau hyn . . . ysbïwyr a bradwyr fel cysgodion ym mhob man. Dyn a'n helpo, mae'n ddigon anodd cadw trefn ar frodorion y dyffryn, heb sôn am ddieithriaid!'

Swatiai Rhys yn ei gongl fel llygoden nes i Siôn Wynn adael y tŷ. Doedd y gŵr mawr ddim hyd yn oed wedi dal sylw arno, a diolch am hynny! Roedd naws yr hen stydi wedi newid, rywsut. Roedd hi'n dechrau teimlo fel cegin gwrach o ddifri'. Doedd Rhys ddim yn siŵr o Huw Prydderch. Doedd o ddim yn hollol siŵr o Dr Wiliems. Siôn Wynn wedyn: hwyrach fod Mason yn dweud y gwir am un peth; fod gan bobol ym meddiant y Diafol y ddawn i ymddan-gos fel dynion clên, ffeind.

'Rhys,' gofynnodd Dr Wiliems yn nes ymlaen, 'mae ffisig Mr Robat Owen yn barod. Elli di ei ddanfon o iddo? Ger Aber mae Bodsilin.'

'Gallaf, syr. Mi wn i'r ffordd yn iawn.'

'Gwyddost, wrth gwrs—yr hen ffordd Ruf-einig. Ond pan aethost ti yno o'r blaen, aethost ti'n syth i lawr trwy faenol Aber. I gyrraedd Bodsilin, rhaid troi ar y dde wrth Hafod y Celyn, ym mhen y dyffryn. Mi wna'i fap iti.'

Roedd Rhys wedi gweld Bodsilin ar fap yn ddiweddar iawn, a chroes wrth ei ochr ac enw Mr Robat Owen. Trawodd o'n sydyn beth y gallasai'r croesau ar fap Huw Prydderch ei olygu; mai tai Pabyddion oedd y rhain.

'Does dim angen iti ddweud dim wrth Mr Owen pan roi di'r botel iddo, ond "Mae'r ffisig yn barod,"' meddai Dr Wiliems gyda phwyslais.

'Mae'r ffisig yn barod.'

'A chymer ofal wrth fynd at y tŷ. Mae o fel Castell Conwy ganddo fo! Paid â rhoi'r ffisig na'r neges i neb ond Robat Owen, achos un gwirion gwyllt ydi'i fab o, yr hen Robin 'na, a dydi'r wraig fawr gwell.'

Daeth Meistres Lowri o'r pantri ac agoriadau'r tŷ'n tincial wrth ei gwregys, efo pecyn o fwyd iddo ar gyfer y daith. Llawn cystal na wyddai hi na Rhys am yr helyntion oedd i ddilyn.

5

Er bod sŵn bygythiol braidd i rybuddion ei feistr, teimlai Rhys ei galon yn codi wrth iddo ddringo'r llethrau at Lanbedr y Cennin a chael ei draed yn ddiogel ar gerrig yr hen ffordd a redai'n syth trwy'r bryniau i Aber; y ffordd i

Fôn ac Iwerddon a llawer lle arall. Doedd hi ddim yn ddiwrnod marchnad, ac ychydig iawn o bobl oedd yn tramwyo'r ucheldir. Yng ngwlad y defaid a'r cudyll coch doedd poenau Nain a Mali a chieidd-dra Siôn Wynn ddim yn gwasgu mor galed. Petai'r haul ddim ond yn dangos ei wyneb trwy'r cymylau, byddai'r hen amheuon cas am Huw Prydderch a Mason yn chwalu fel mwg o grochan gwrach. 'Ysbïwyr a bradwyr'. Twt, geiriau gŵr ym meddiant y Diafol!

Yn lle gwenu trwy'r cymylau, ciliodd yr haul yn bellach, ac roedd hi'n drymaidd ym Mwlch y Ddeufaen. Hawdd credu bod y Diafol yn mynychu'r lle llwm hwnnw, fel yr adroddai sawl hen chwedl. Ond wedi iddo gyrraedd yr ochr draw, câi weld y wlad yn agor o'i flaen, a hyfrydwch glannau Menai. Cafodd ei siomi; roedd mur o niwl wedi cau o gwmpas y Bwlch a chuddio popeth.

Yn fuan iawn, prin y gallai Rhys weld hyd braich o'i flaen. Doedd ganddo ddim ond cerrig y ffordd o dan ei draed i'w arwain, ac roedd hi'n annaearol o unig. Tric y Diafol i'w ddal o'n ôl ar ei daith, y Diafol oedd yn mwstro ysbrydion y Fall o flaen Calan Gaea'. A beth am gyflwr Robat Owen erbyn hyn? Gallai farw cyn i'r ffisig gyrraedd!

O wrando ar sŵn ei draed ar y cerrig, credai

mai dychmygu roedd o bod 'na ryw siffrwd yn ei ddilyn.

'Pwy sydd 'na?' galwodd, ac edrych dros ei ysgwydd i lwydni gwag di-dor. Tyfodd siâp rhywun ynddo, a gwaeddodd llais ryw air fel 'Unig'. Gyda llam, roedd dyn yn sefyll wrth ei ochr, dyn byr, llydan ei ysgwyddau, â chwd ar ei gefn. Roedd gan y Gŵr Drwg yn y chwedlau gwd, i gludo ellyllon ynddo . . . Ond pan drodd y dyn ei wyneb at Rhys, a'i lygaid yn rholio'n ddibwrpas yn ei ben, gwelodd y bachgen ei fod yn ddall.

'Mynd i Aber wyt ti?' gofynnodd y dyn mewn llais soniarus.

'I Fodsilin.'

'Mae hwnnw ar odre'r faenol. Cawn gyd-gerdded y rhan fwyaf o'r ffordd. Dwi'n mynd i Ben y Bryn i ganu'r delyn,'—cyffyrddodd â'i gwd—'i fanno a sawl tŷ arall. Mae pawb yn Aber yn nabod Ynyr Dywyll. Ond does fawr o groeso i neb diarth ym Modsilin. Be' 'di dy neges di, 'machgen i?'

Cwestiynau eto! Ond doedd dim drwg mewn ateb: 'Danfon ffisig oddi wrth Dr Thomas Wiliems, Trefriw.'

'O. Pwy sy'n wael, felly?'

Eglurodd Rhys, rhag bod yn anghwrtais.

'Taw! Wyddwn i ddim fod Robat Owen yn cwyno.'

'Mae'r hen niwl 'ma'n gas,' meddai Rhys.

trawodd hyn Rhys yn fud. Naw oed. Roedd ei chwaer Mali'n gymeriad cryf pan oedd hi'n naw oed. A fyddai'r dywysoges yn cymryd ei dysgu gan y bobl oedd newydd lofruddio'i thad? Os oedd arweinwyr y cynllwyn yn gallu methu mewn peth mor amlwg â hynny, oedden nhw'n debyg o lwyddo?

Byrlymai Arthur ymlaen â hanes y paratoadau am y diwrnod mawr, Tachwedd y Pumed: llongau Sbaen yn disgwyl o gylch glannau ynysoedd Prydain, a byddin yn croesi o'r Iseldiroedd i gefnogi Pabyddion Lloegr. Cymry triw yn uno i adfer yr Hen Ffydd.

'Gwrthryfel,' meddai Rhys. *Roedd y ceirw coch yn rhedeg ym mynwent Llanrwst, ac fe dyfai'r glaswellt dros faes y farchnad.*

'Rwyt ti'n rhy ifanc i ddallt. Mi fedrai Huw egluro'n well iti. Huw a'i dad eglurodd hyn i gyd imi, yn yr haf. Rhaid inni fod yn ddewr er mwyn ennill ein rhyddid.' Yn ei hwyl roedd o fel dyn hanner meddw, a'i lygaid yn goleuo dreigiau. 'Fydd gan yr ochr arall ddim arweinwyr, dwyt ti ddim yn gweld? Siôn Wynn a'i debyg—mi fyddan wedi'u chwythu'n dipia'!'

Cerddodd y ddau i lawr yr allt mewn distawrwydd. Wrth iddynt ddod i olwg tŷ Dr Wiliems, gwelodd Rhys ddyn yn sleifio oddi yno mewn mantell lwyd, a het â chantel llydan iddi. Adnabu Rhys ei osgo. Roedd Mason o'r diwedd wedi cadw'i addewid i ymweld â Thomas Wiliems. Gofynnodd:

'Huw Prydderch—mae o'n Babydd felly?'

'Ydi. Mae o am fod yn offeiriad.'

'Ydi o'n 'i alw'i hun yn Hywel Parri weithia'?'

Nodiodd Arthur. 'Mae o'n negesydd rhwng y rhan hon o'r sir a Sir Ddinbych, ac yn helpu trefnu'r gwrthryfel. Bachgen dewr iawn, yn fodlon aberthu'i fywyd er mwyn y ffydd.'

'Arthur, mae 'na ysbïwyr yn Nant Conwy. Dyn o'r enw Mason—mae o'n ysbïwr. Mi gefais i gip arno funud yn ôl, wrth ymyl tŷ'r doctor.'

Chwarddodd Arthur. 'Mr Mason yn ysbïwr! Na. Y Tad Morys ydi ei enw iawn o. Offeiriad ydi o.'

Feiddiai Rhys ddim gofyn cwestiwn arall. A wyddai Dr Wiliems am gynllwyn y Powdwr Gwn? Roedd o wedi cael mwy na digon o wybodaeth arswydus am un noson.

Bu'n troi a throsi yn ei wely am oriau, tra oedd Arthur, wrth ei ochr, yn cysgu fel plentyn. Unwaith, ar fin cwsg, neidiodd syniad i'w ben a'i ddeffro. *Siôn Wynn a'i debyg—mi fyddan wedi'u chwythu'n dipia*'! Credai Arthur ei fod yn dymuno lladd y brenin. Ond yr hyn oedd yn bwysig iddo oedd lladd Siôn Wynn. O'r diwedd llithrodd i gwsg anesmwyth lle roedd o'n rhedeg o flaen cŵn yr Helfa Wyllt, a'r Brenin Llwyd yn eu chwipio ymlaen. Siôn Wynn oedd

o. Ond swniai'i chwerthin gorfoleddus fel
Arthur . . .

'Bydd ddistaw, 'nei di?' Roedd Arthur yn ei
ddyrnu. 'Mi ddeffri bawb yn y tŷ!' Ond mae'n
bosibl nad oedd y lleill yno ddim yn cysgu'n
dawel 'chwaith.

7

'Rhys,' meddai Meistres Lowri drannoeth,
'mae'r doctor am iti fynd i Wydir efo'r tri ffisig
'ma i Meistr Wynn. Be' sy'n bod? Rwyt ti'n
welw iawn. Wyt ti'n teimlo'n sâl?'

'Y—nac ydw, diolch.' Doedd arno ddim eisio i
neb chwilio i mewn i'w gyfansoddiad y bore
hwnnw. Roedd ei galon cyn dued â'r fall.
Cythrodd am y drws gyda'r ffisig.

Byddai crandrwydd Gwydir yn codi ofn arno
bob amser, ac roedd meddwl am ddod i wyneb
Siôn Wynn yn gwneud iddo chwysu. Cyflwyn-
odd y ffisig i was ffroenuchel, a throi i ddianc.
'Aros!' gorchmynnodd hwnnw, a'i arwain i brif
stafell Gwydir, lle'r eisteddai'r dyn mawr a
rhyw swyddog wrth fwrdd, â nifer o bapurau
pwysig o'u blaen.

'A, Rhys Gruffydd!' meddai Meistr Wynn. Di-
ystyrodd gyfarchiad nerfus Rhys. 'Dywed imi,
ble mae'r *julep*? Mi ofynnais i dy feistr ei

baratoi o bresgripsiwn drud gan arbenigwr, yn unswydd at fy siwrnai i Lundain.'

Rhaid fod Dr Wiliems wedi anghofio. Teimlai Rhys fel dyn ar brawf am lofruddiaeth. *Julep*, wir! Byddai Siôn Wynn yn farw ymhen yr wythnos. Chwyrlïodd ei feddyliau. 'Dydi'r llysiau ddim ar gael,' meddai, '—ddim yn Nant Conwy.'

Saethodd aeliau Siôn Wynn i fyny ei dalcen. 'O? Rhyfedd iawn. A dim nodyn o eglurhad gan y doctor? O'r gora', fachgen; chei di mo dy grogi'r tro hwn!'

Yn ei gyflwr ofnus, neidiodd Rhys wrth glywed cnoc ar y drws. Agorwyd o gan y gwas: 'Dr Thomas Wiliems, syr.'

Anaml y byddai'r meddyg yn dangos arwydd-ion cyffro, ond edrychai'n bryderus, ac roedd ei wynt yn fyr fel petai wedi dod ar frys. Murmur-odd Meistr Wynn air wrth y swyddog, ac fe gydiodd hwnnw mewn dogfen a dilyn y gwas o'r stafell.

'Popeth yn iawn, Tomos,' meddai Siôn Wynn yn rasusol. 'Mae Rhys wedi egluro nad ydi'r llysiau ar gyfer y *julep* ddim ar gael yn yr ardal. Hen dro. Mae aer Llundain mor afiach. Rhaid bodloni ar dy ffisig di.'

'Y—' Edrychodd Thomas Wiliems yn ffwndrus ar Rhys. 'Ie, y *julep*. Mae'n ddrwg iawn gen i. Ond roedd gen i reswm arall dros ddod yma—yr ychydig sylwadau 'ma ar yr haint yn Ninbych. Gallent fod o fudd i'r rhai sy'n gofalu am y cleifion a cheisio atal yr haint. Fy chwaer anghofiodd eu rhoi nhw i'r bachgen.'

'O—diolch iti.' Craffodd Siôn Wynn ar y nodiadau, ac ochneidio. 'Mae gen i lawer o ofalon rhwng popeth, a llawer i'w wneud cyn mynd i Lundain 'fory.'

'Siôn,' meddai Thomas Wiliems yn sydyn, 'oes rhaid iti fynd i Lundain?'

'Wel, debyg iawn bod rhaid!' meddai'r meistr tir yn syn. 'Fy nyletswydd fel Aelod Seneddol—'

'Fydd taith i Lundain ar hyn o bryd ddim er lles dy iechyd di.'

'Ond rwyt ti wedi gofalu am ffisig imi!'

'Mae 'na bla newydd yn Llundain, enbyd iawn.'

'Ar ddechra' gaea' fel hyn? Yn yr ha' fydd hwnnw fel rheol.'

'Mae o'n codi o'r afon, ac yn debyg o ladd llawer.'

Craffodd Mr Wynn arno. 'Be' wyddost ti, ddyn? Oes 'na rywbeth yn y gwynt?'

'Oes,' meddai Thomas Wiliems, a'i wyneb yn dawel ond yn welw fel y galchen. 'Fel y dywedais i, pla. Paid â mentro.'

'Dyna dy gyngor di, fel meddyg?' Roedd Siôn Wynn hefyd wedi gwelwi. Trodd Rhys ei

olygon o'i wyneb effro a'i lygaid treiddgar at ei feistr.

'Fel dy feddyg, ie.'

'O'r gore, gefnder,' meddai Siôn Wynn yn araf. 'Dwi'n ymddiried yn dy gyngor.'

Gwelodd Rhys eu bod nhw'n deall ei gilydd, a'r naill yn ymddiried yn y llall. Tewach gwaed na dŵr.

Wrth farchogaeth yn ôl i Drefriw ar ferlyn y meddyg, gwyddai Rhys i sicrwydd bron fod ei feistr yn rhannu'r gyfrinach ofnadwy. Ond doedd wiw i Rhys ddweud gair, rhag ofn iddo bydru ym mhwll dyfnaf uffern. Ac fe wyddai dipyn am hwnnw erbyn hyn. Gwelai fod Thomas Wiliems wedi mentro'n ofnadwy trwy awgrymu'r hyn oedd 'yn y gwynt' i un o brif ddynion y Llywodraeth yn y sir. Roedd ei feddwl yn ddryslyd. Ond rywfodd, roedd y baich euogrwydd ar ei ysgwyddau wedi ysgafnu.

8

Daeth Calan Gaeaf, a dechrau wythnos o hwyl i fechgyn a genethod yr ardal; tanau mawr ar y bryn, chwaraeon ac adrodd straeon am ysbrydion. Doedd neb yn codi bwganod yn nhŷ'r meddyg; roedd yno ddigon o rithiau'n barod. Hwyrach mai'r tawelaf ei feddwl oedd Huw

59

Prydderch (neu beth bynnag oedd ei enw) gan fod adennill Cymru i'r Grefydd Gatholig yn ddigon o reswm dros ladd a chlwyfo llu o bobl. Felly, o leiaf, yr eglurodd Arthur ei syniadau i Rhys. Siom fawr i Arthur, wrth gwrs, oedd fod Siôn Wynn wedi aros gartre oherwydd afiechyd. 'Ond mi ddaw ei dro yntau'n fuan iawn!' meddai.

Aeth y pumed o Dachwedd heibio'n ddistaw, ond fe ddaeth Mr Mason o rywle wedi iddi dywyllu, a threulio'r gyda'r nos ar aelwyd y meddyg. Roedd o i'w weld yn ddyn eitha' dymunol, yn trafod llysiau a hen gywyddau â Dr Wiliems yn ei Gymraeg chwithig ei sŵn. Allai Rhys ei hun ddim deall pam roedd o wedi teimlo mor amheus yn ei gylch, byth ers iddo daro arno yng ngardd yr hen fynaich. Cyfeir-iodd yr offeiriad at eu sgwrs, a dweud bod Rhys wedi ei ddangos ei hun yn 'fachgen pwyllog'. Bu'r pedwar dyn ar eu traed yn hwyr. Gallai Rhys glywed murmur eu lleisiau, hwyrach yn trafod eu cynlluniau ar gyfer yr awr pan ddeuai'r newyddion mawr o Lundain. Yn ei gwsg breuddwydiodd am ddaeargryn, a mwg du'n codi o bwll diwaelod.

Ond ni ddigwyddodd dim am ddeuddydd. Pan oedd Dr Wiliems ar fin cadw noswyl, daeth curo ffyrnig ar ddrws y tŷ. Oedodd am funud cyn agor, er mwyn rhoi cyfle i Huw a'r offeiriad guddio. Gweddïodd yn ddistaw cyn agor. Un o

60

weision Gwydir oedd yno, â neges oddi wrth Meistr Wynn. Darllenodd y meddyg y nodyn:

'Newyddion o Lundain bod cynllwyn mawr wedi dod i'r golau i ladd y brenin a'r Senedd. Mae'r prif fradwyr wedi eu dal, a neb ddim gwaeth, diolch i Dduw. J. W.'

Deffrodd Rhys a gweld Arthur yn diffodd ei gannwyll wrth ochr y gwely. 'Mae popeth ar ben,' meddai. Syrthiodd ar ei wyneb ar y gwely a gorwedd fel dyn marw.

Am ddyddiau, prin y gwelodd Rhys ei frawd a'r ddau arall. Roedden nhw'n cuddio gan ddisgwyl clywed mwy am y sefyllfa, a dau ohonyn nhw o leiaf yn gweddïo ddydd a nos dros y cynllwynwyr oedd wedi eu lladd neu yng ngharchar, neu'n cael eu hela ar hyd y wlad. Yn raddol daeth hyd yn oed y werin bobl yn gyfarwydd ag enw Guto Ffowc, y dyn a gafodd ei ddal yn y seler o dan Dŷ'r Arglwyddi pan oedd o'n barod i danio'r powdwr gwn o dan y pentyrrau glo a chwythu'r brenin a holl arweinwyr y wlad i'r byd arall. Gweddïai'r offeiriad a'r darpar-offeiriad dros Guto Ffowc, o wybod fel y byddai'r gyfraith yn ei arteithio er mwyn gwneud iddo gyffesu holl fanylion y cynllwyn ac enwi'r troseddwyr eraill.

Hanner-disgwyliai Rhys i swyddogion y gyfraith ddod i chwilio am y Tad Morys, neu Mason, a Huw Prydderch, ac i holi Dr Wiliems.

Roedd y Tad Morys yn offeiriad, a byddai hynny'n ddigon amdano, a Huw'n aelod o deulu Catholig nodedig, a'i symudiadau yn Sir Ddinbych a Nant Conwy'n ddigon amheus. Ond ddigwyddodd dim yn y dyddiau cyntaf. Roedd maint a mentr y brad fel petai wedi hurtio dynion y gyfraith. A doedd Siôn Wynn, oherwydd afiechyd efallai, ddim ar frys i sgwrio'r dyffryn am fradwyr.

Fu'r meddyg ddim yn segur yn ystod y dyddiau hyn. Ei natur ef oedd chwilio am bowltis at bob clwy'. Aeth i weld un o'i gleifion yn Llanbedr, a chael gair ag un o'r gwragedd cocos yn y plwy' hwnnw oedd yn nabod pysgotwr ar lan y môr ger Aber. Ac roedd y pysgotwr weithiau'n danfon Mr Robat Owen yn ei gwch i'w stad arall yn Sir Fôn . . .

'Ac oddi yno bydd cwch arall yn eu danfon nhw i'r Cyfandir,' meddai Dr Wiliems wrth Rhys. 'Mae ganddyn nhw ffrindiau yno.'

Cytunodd Huw'n frwdfrydig â'r cynllun. 'Oes, mae gennym ni ffrindiau. Does dim angen anobeithio.'

'Ac mae'n rhaid i *ti* ddychwelyd i'r brifysgol, Arthur,' meddai'r meddyg. 'Rwyt ti wedi bod yn absennol yn rhy hir. Does gan y gyfraith ddim yn dy erbyn, a does dim i dy gadw di yn y dyffryn, gan fod Nain yn gwella.'

Nid atebodd Arthur. Roedd o'n enbyd o ddistaw, fel tân yn mudlosgi.

Anfonwyd Rhys i Lanbedr ymhen deuddydd, ac roedd gan y wraig gocos neges oddi wrth Robat Owen y byddai'r cwch yn croesi i Fôn drannoeth.

9

Pan gododd Rhys ben bore, roedd y ddau ddyn eisoes yn darparu eu ceffylau ar gyfer y daith i Aber. Brysiai Meistres Lowri o gwmpas y gegin gan baratoi pecyn o fwyd iddynt, ac roedd cyffro annifyr yn yr awyr.

'Rhys, dos o dan draed, wir! Nenno'r saint, Arthur, i b'le wyt ti'n mynd yr adeg yma o'r dydd?' Synnodd Rhys weld ei frawd yn gwisgo'i sgidiau mawr a'i fantell fel petai'n mynd ar siwrnai.

'Efo'r Tad Morys a Huw.'

'Nac wyt,' meddai Dr Wiliems. Roedd o newydd ddod trwy ddrws y gegin. 'Rwyt ti'n mynd i ganu'n iach i dy nain a Mali, ac wedyn dychwelyd i'r brifysgol.'

'Dwi'n mynd i'r Cyfandir efo'r Tad a Huw, a rhannu'u perygl nhw—'

'Arthur, os llwyddi di i gyrraedd y Cyfandir, sut fywyd fydd arnat ti wedyn? Hanner-byw yn ffoadur, ymhlith dynion estron! Yn dy wlad dy hun mae dy le di. Gorffen dy gwrs prifysgol;

gorau arf, arf dysg. Wedyn cei ystyried dy gyfrifoldeb at dy deulu, a dewis dy ffordd—'

'Gad lonydd i'r llanc, Tomos,' meddai Meistres Lowri. 'Mae Arthur yn ddigon hen i benderfynu drosto'i hun. Mi wna'i becyn o fwyd i tithau, Arthur. Dos i'r tŷ llaeth; mae 'na ddarn o gaws ar y silff. Dos i'w nôl o, da chdi.'

'Chwaer—' protestiodd y meddyg. Ond roedd Arthur wedi cythru i'r tŷ llaeth. Saethodd Meistres Lowri at y drws, ei gau â chlep, a'i folltio. Safodd â'i chefn ato a gwrando, gan chwerthin, ar guro a bloeddio Arthur o'r tu mewn.

'Mae o'n rhy ifanc i ddewis drosto'i hun,' meddai. 'Rhys, dos â'r bwyd 'na allan i'r ddau.'

'Lowri—' Ond roedd twrw'r dyrnu a'r cicio ar ddrws y tŷ llaeth yn boddi llais Dr Wiliems. 'Mae hi'n bryd iddyn nhw gychwyn, os ydyn nhw i ddal y llanw,' meddai'n bryderus. 'Arthur! Bydd ddistaw! Rhaid imi ffarwelio â'r ddau, Duw a'n helpo.' Wrth iddo agor drws y gegin, daeth sŵn i'w glust; ceffylau'n trotian ar draws y buarth i'r ffordd. 'Rhys! Lle rwyt ti, fachgen? *Rhys!*'

Trodd y trotian yn garlamu, a chyflymu wrth iddo fynd yn bellach, bellach.

Allai Rhys ddim egluro wrtho'i hun y cyffro a barodd iddo ei gynnig ei hun fel tywysydd i'r ddau ffoadur, a neidio i'r cyfrwy o flaen Huw

64

Prydderch. Doedd gan Meistres Lowri ddim hawl i drin Arthur fel plentyn! Gan fod yr offeiriad a Huw ar frys mor ofnadwy, ac yn mentro i ran o'r sir oedd yn ddieithr i'r ddau, roedden nhw'n eitha' balch o'i gwmni.

Er gwaetha'r peryglon oedd o flaen ei ddau gydymaith, allai Rhys ddim peidio â mwynhau'r hyfrydwch o garlamu ar gefn ceffyl dros y ffordd fu mor faith ac unig iddo o'r blaen. Y cynllun oedd eu bod nhw i fynd i Fodsilin, gadael y ceffylau yno, a dilyn llwybr yn arwain i lawr y llethr at lan y môr. Ond cyn iddynt gyrraedd y tro i gyfeiriad Bodsilin, neidiodd geneth i'w llwybr â'i breichiau ar led. Arafodd y marchogion, ac adnabu Rhys yr eneth fel un o ferched Robat Owen.

'Peidiwch â dod acw!' ebychodd. 'Mae swyddogion y gyfraith yno, a warant i'ch dal chi fel bradwyr! Roedd ar Robin eisio troi'r ci arnyn nhw . . . Maen nhw'n gwylio'r lle, ond mi sleifiais i allan tra oedden nhw'n ffraeo efo 'nhad. Trowch yn ôl!'

'Ie—dim ond cyn belled â Llanfairfechan,' meddai Rhys, 'ac i lawr trwy'r dyffryn . . . Mae o dipyn o'n ffordd, ond—'

'Beth am fynd yn syth i lawr y nant trwy faenol Aber?' awgrymodd yr offeiriad. Roedd y culfor a'r ynys yn edrych yn agos trwy'r bwlch yn y bryniau, ac yn ei demtio i lawr atynt.

'Ond yn fanno mae'r Cwnstabl yn byw!' meddai merch Robat Owen. 'Ac mae hi'n ddiwrnod marchnad.'

'Gorau'n byd!' meddai Huw. 'Ie, pam lai? Mae'n haws cuddio mewn torf—'

'Stablu'r ceffylau yn Hafod y Celyn,' cynigiodd y ferch. 'Ffrindia' inni. Gwneud dim i dynnu sylw. Mi fydd y cychwr yn disgwyl. Mi wyddoch chi'r ffordd i Fryn y Cambwll. Lwc dda ichi!'

Roedd y farchnad yn ei hanterth yn y dreflan, a phobl yn tyrru o gwmpas y stondinau yng nghysgod y Mŵd. Roedd rhywun yn canu'n soniarus i gyfeiliant telyn. Tawodd, a daeth Rhys at ei ymyl fel roedd rhyw gyfaill yn gwthio llestr o gwrw i'w law. Adnabu'r bachgen osgo'r telynor cyn iddo weld ei wyneb. 'Ynyr Dywyll!' meddai.

Roedd y Tad Morys a Huw'n cerdded yn hamddenol y tu cefn iddo, gan ddangos diddordeb cwrtais yn nwyddau'r gwerthwyr. Roedd y cwsmeriaid yn rhy brysur yn edrych ar afalau ac eirin, menyn a chaws i gymryd llawer o sylw ohonyn nhw. Ond yn ddirybudd roedd dyn pwysig ei olwg â sgrôl yn ei law yn gwthio'i ffordd trwy'r lle cul rhwng y stondinau. Cerddai dau arall wrth ei sodlau, un yn arwain mwngrel cryf ar dennyn.

66

'Daliwch y ddau ddyn 'na!' rhuodd y swyddog. Tawodd sŵn y farchnad, a gwelodd Rhys ben y dyn dall yn troi i glustfeinio ar y siaradwr. 'Mae gen i warant gan y Cwnstabl i'w harestio am eu rhan ym mrad erchyll y Powdwr Gwn!'

Y munud nesa' roedd rhywbeth wedi lluchio'r swyddog yn wysg ei ochr i mewn i un o'r stondinau. Sgrechiodd merched, a disgynnodd pentwr o afalau ar ben y swyddog.

'Mot! Mot! Tyrd yma!' galwodd rhywun, ac fe gafodd Rhys gipolwg ar wyneb 'yr hen Robin gwyllt 'na' yn gwenu fel dyn o'i go.

Ufuddhaodd y gafaelgi, ond dewisodd y mwngrel, oedd wedi dechrau cyfarth yn ffyrnig, y munud hwnnw i neidio i lwybr Mot, gan gythru ei dennyn o law ei feistr. Rhuthrodd y ddau gi ar ei gilydd â nadu dychrynllyd, a chiliodd pawb o'u ffordd.

'B'le maen nhw?' sgrechiodd y swyddog uwchben yr halibalŵ. 'B'le mae'r bradwyr?'

Safai'r dorf o'i gwmpas yn fud. Wyddai neb. Roedd y ddau ffoadur wedi diflannu.

Cwynodd y mwngrel, a chwyrnodd Mot nes i'w feistr hanner ei dagu. O'r diwedd, pwyntiodd hen wraig i gyfeiriad y nant, dihangfa'r hen Gymry.

Ond dim ond Rhys, â'i wynt yn ei ddwrn, oedd yn llafurio trwy'r creigiau yng nghysgod y coed tua'r bryn. Bu bron iddo farw gan ddychryn

68

pan gydiodd dwy fraich amdano o'r tu cefn a'i wasgu'n dynn. 'Ust,' sibrydodd Ynyr Dywyll. 'Swatia tu ôl i'r graig 'ma. Clyw! Maen nhw'n dŵad! Mi wn i am guddfan. Pan fydd hi'n dechra' nosi, mi af â chdi ar draws y mynydd.'

10

'Dydw'i ddim yn meddwl bod gan bobol Aber lawer i'w ddweud wrth y gyfraith,' meddai Rhys wrth Dr Wiliems yn nes ymlaen.

'Tipyn o ysbryd yr hen dywysogion yn dal yn y tir, efallai,' meddai'r meddyg. 'Mae Huw a'r Tad Morys wedi dengid, beth bynnag.'

'Pwy oedd yr ysbïwyr? Sut oedd y swyddog yn nabod Huw a'r Tad Morys?'

'Hwyrach am dy fod ti efo nhw, a bod rhywun wedi nabod dy lais, a rhoi arwydd i ddynion y gyfraith.'

'Ynyr Dywyll? Ysbïwr? Ond fo ddaru f'achub i!'

'Ysbïwr sy'n falch o geiniog neu ddwy am 'i lafur. Ond dydi'i galon o ddim bob amser yn y gwaith. Roedd na fwy nag un ysbïwr, cofia. Pwy ydi'r lleill? Wn i ddim.'

'Be' wnawn ni rŵan, Doctor, wedi i Arthur fynd yn ôl i Rydychen?'

'Mynd ymlaen i'r llythyren M.'

Agorodd Meistres Lowri'r drws. 'Tomos, mae Wmffra ab Edwart yma. Mae'i wraig o wedi'i tharo'n wael—'

'Aros di yma, Rhys, a dechrau rhestru geiriau: *macellum, maceo, macer*!—A da ti, paid â gadael i'r crochan ferwi i'r tân!'